BEI GRIN MACHT SICH IHR WISSEN BEZAHLT

- Wir veröffentlichen Ihre Hausarbeit, Bachelor- und Masterarbeit

- Ihr eigenes eBook und Buch - weltweit in allen wichtigen Shops

- Verdienen Sie an jedem Verkauf

Jetzt bei www.GRIN.com hochladen und kostenlos publizieren

Hans-Jürgen Borchardt

Der Unternehmenscheck in 10 Fragen

Eine Kurzmethode

GRIN Verlag

Bibliografische Information der Deutschen Nationalbibliothek:

Die Deutsche Bibliothek verzeichnet diese Publikation in der Deutschen National-
bibliografie; detaillierte bibliografische Daten sind im Internet über http://dnb.d-
nb.de/ abrufbar.

Impressum:

Copyright © 2012 GRIN Verlag GmbH
Druck und Bindung: Books on Demand GmbH, Norderstedt Germany
ISBN: 978-3-656-24987-0

Dieses Buch bei GRIN:

http://www.grin.com/de/e-book/197837/der-unternehmenscheck-in-10-fragen

Hans-Jürgen Borchardt

Kooperation. Identitätsverlust oder Zukunftssicherung?

GRIN Verlag

Bibliografische Information der Deutschen Nationalbibliothek:

Die Deutsche Bibliothek verzeichnet diese Publikation in der Deutschen National-
bibliografie; detaillierte bibliografische Daten sind im Internet über http://dnb.d-
nb.de/ abrufbar.

Impressum:

Copyright © 2013 GRIN Verlag GmbH
Druck und Bindung: Books on Demand GmbH, Norderstedt Germany
ISBN: 978-3-656-46616-1

Dieses Buch bei GRIN:

http://www.grin.com/de/e-book/213242/kooperation-identitaetsverlust-oder-
zukunftssicherung

GRIN - Your knowledge has value

Der GRIN Verlag publiziert seit 1998 wissenschaftliche Arbeiten von Studenten, Hochschullehrern und anderen Akademikern als eBook und gedrucktes Buch. Die Verlagswebsite www.grin.com ist die ideale Plattform zur Veröffentlichung von Hausarbeiten, Abschlussarbeiten, wissenschaftlichen Aufsätzen, Dissertationen und Fachbüchern.

Besuchen Sie uns im Internet:

http://www.grin.com/

http://www.facebook.com/grincom

http://www.twitter.com/grin_com

Kooperation: Identitätsverlust oder Zukunftssicherung?
Kooperationen gibt es in allen Branchen und in den verschiedensten Formen. Nahezu jeder Unternehmer partizipiert direkt oder indirekt an den Vorteilen einer Kooperation, insbesondere beim Einkauf von Waren und Dienstleistungen. Egal, ob er Kunde bei einer Einkaufsgenossenschaft ist oder sein Großhändler Mitglied in einem Einkaufsverband ist.

Es darf auch unterstellt werden, dass sich die meisten Unternehmer schon mal mit dieser Frage beschäftigt haben, weil es viele Argumente gibt, die für eine Kooperation sprechen. Das Problem ist jedoch, dass die Möglichkeiten, die eine Kooperation bietet, oft zu einseitig gesehen werden. Natürlich kann eine Kooperation bewusst „einzielig" ausgelegt werden, wie z. B. Erweiterung des Angebots oder die Zusammenlegung des Einkaufs. Wer sich aber so eng begrenzt dem Thema nähert, verschenkt möglicherweise Ressourcen.

Der folgende Beitrag beschäftigt sich im Wesentlichen mit den Möglichkeiten der horizontalen Kooperation, weil vertikale Kooperationen bei Kleinbetrieben nur selten vorkommen und im Allgemeinen nicht so viele Möglichkeiten bieten.

Basisüberlegungen
Wer sich mit diesem Thema beschäftigen will, muss zunächst für sich fünf grundsätzliche Fragen klären:

1. Auf welchen Handlungs- bzw. Leistungsfeldern könnte ich kooperieren?
2. Welche Form der Kooperation will ich (zunächst) realisieren?
3. Welche Ziele will ich erreichen?
4. Gibt es Wettbewerber bzw. Partner auf gleichem Niveau, mit denen ich mir eine Zusammenarbeit vorstellen kann?
5. Eignen sich die vorhandenen (persönlichen) Voraussetzungen für eine Kooperation?

Wer diese Fragen nicht im Voraus für sich klärt, läuft Gefahr, dass ihm bei der Realisierung Fehler unterlaufen. Diese sind später nur sehr schwer zu korrigieren, denn Korrekturen des Ist-Zustandes erfordern immer die Zustimmung des bzw. der Partner. Im ungünstigsten Fall kann es sogar zu einer Benachteiligung des eigenen Unternehmens führen.

Zu 1. Auf welchen Handlungs- bzw. Leistungsfeldern könnte ich kooperieren?
Die horizontale Kooperation bietet viele Möglichkeiten der Zusammenarbeit mit einem oder mehreren Partnern. Daher muss zunächst geklärt werden, auf welchen Gebieten eine Kooperation sinnvoll ist und angestrebt werden soll. Das können bspw. sein:

- Leistungs- Angebotserweiterung (Alles aus einer Hand)
- Gemeinsame Entwicklung neuer Leistungen und Angebote
- Bündelung der Einkaufsaktivitäten
- Gemeinsames Marketing

- Gemeinsame Werbung
- Bündelung von Serviceleistungen
- Aufbau von gemeinsamen Hausmarken
- Temporäre Ausleihung von Mitarbeitern etc.

Diese Fragen muss jeder Unternehmer zunächst für sich klären. Das ist notwendig, weil, je nach Entscheidung die eigene Selbstständigkeit mehr oder weniger stark beeinflusst wird. Während bei der Leistungs- und Angebotserweiterung noch ohne jede Verpflichtung gearbeitet werden kann, muss beim gemeinsamen Marketing oder der gemeinsamen Werbung schon weitgehend auf die eigene Identität und Entscheidungsfreiheit verzichtet werden. Deshalb ist es sinnvoll, vorher sehr genau die Vor-und Nachteile zu prüfen, die mit der jeweiligen Entscheidung verbunden sind.

Zu 2. Welche Form der Kooperation will ich (zunächst) realisieren?
Die Formen der Zusammenarbeit im Rahmen einer Kooperation sind sehr unterschiedlich. Das beginnt bei „losen" Verabredungen zu Arbeitsvermittlungen bzw. überlassungen und reicht bis zu einem gemeinsamen Unternehmen.

Als vorteilhaft hat sich erwiesen, zunächst eine lose Kooperation auf Probe einzugehen, um festzustellen, ob die eigenen und gemeinsamen Vorstellungen sich weitgehend problemfrei realisieren lassen. Die eigene Identität und Selbstständigkeit sollte erst aufgegeben werden, wenn man sicher ist, dass die geplante Kooperation für alle Beteiligten von Vorteil ist und auch von allen so gesehen wird.

Wer die Vorteile einer Kooperation nutzen möchte, aber die eigene Souveränität nicht aufgeben will, kann sich alternativ mit dem Thema Joint Venture beschäftigen. Wird ein Joint Venture (eine gemeinsame Tochterfirma) gegründet, ist das eigene Unternehmen nicht direkt betroffen. Die positiven oder negativen Ergebnisse bzw. Auswirkungen der gegründeten Firma sind immer nur indirekter Natur, weil das Joint Venture Unternehmen rechtlich selbständig ist und unter eigenem Namen operiert.

Zu 3. Welche Ziele will ich erreichen?
Wer nicht konkret weiß wohin er will, läuft Gefahr sich zu verirren. Daher ist es zunächst zwingend notwendig, die eigenen Ziele eindeutig –und zwar schriftlich- zu formulieren. Wenn die Ziele schriftlich fixiert sind, kann immer wieder überprüft werden, ob die bisher getroffenen und die geplanten Maßnahmen zum Ziel führen.

Wichtig in dieser Planungsphase ist, dass die eigenen Ziele nicht dominieren. Nur wenn die Kooperation allen Beteiligten die gleichen Vorteile bietet, kann sie auf Dauer bestehen. Niemand wird einer Kooperation zustimmen, wenn die Vorteile ungleich verteilt sind.

Ein weiterer Vorteil der Zielbestimmung ist, dass damit gleichzeitig die Voraussetzungen definiert werden, die der oder die Partner einbringen müssen. Wenn bspw. nur ein gemeinsamer Einkauf angestrebt wird, ist die kooperative

Zusammenarbeit simpel. Auch wenn gegenseitig nur Empfehlungen bzw. Nachweise für Arbeiten ausgesprochen werden, ist die Zusammenarbeit problemlos. Der Kooperationspartner muss die zu leistende Arbeit „nur" ordnungsgemäß zur Zufriedenheit des Kunden ausführen.

Wenn jedoch eine weitergehende Zusammenarbeit entstehen soll, sollten die eigenen und die Leistungen des Partners bzw. der Partner ein neues Angebot zum Ziel haben, das den gemeinsamen Kunden einen zusätzlichen oder neuen Nutzen bietet. Wird so vorgegangen, ergibt sich für die Beteiligten ein weiterer Vorteil. Es werden nicht nur die Kunden des Partners bedient, sondern es werden gleichzeitig neue Kundenkreise erschlossen.

Zu 4. Gibt es Wettbewerber bzw. Partner auf gleichem Niveau, mit denen ich mir eine Zusammenarbeit vorstellen kann?
Als sinnvoll hat sich die Aufstellung einer Wunschliste erwiesen. Unter Berücksichtigung der angestrebten Ziele kann geprüft werden, ob diese mit den denkbaren Partner/n erreicht werden können. Dabei sollte, wie bereits erwähnt, immer geprüft werden, ob durch die Kombination der verschiedenen Leistungen neue Angebote entwickelt werden können.

Hilfe zu dieser Frage bieten teilweise auch die HWK´s und IHK`s, die sowohl als Vermittler als auch beratend ihre Dienste anbieten. Wichtig ist, dass der oder die Partner weitgehend

- das gleiche Potential
- ein identisches Qualitätsniveau
- ein gleichwertiges Marketing
- ähnliche Zielvorstellungen und
- ein vergleichbar gutes Image

einbringen, damit auf „Augenhöhe" verhandelt und gearbeitet werden kann.

Zu 5. Eignen sich die vorhandenen (persönlichen) Voraussetzungen für eine Kooperation?
Diese Frage hat mehrere Facetten. Sie beinhaltet sowohl qualitative als auch quantitative Inhalte und hinterfragt die eigene Einstellung zu diesem Thema. Daher müssen die einzelnen Teilfragen im Voraus konkret beantwortet werden, damit die spätere Realisierung zielorientiert und ohne Missverständnisse verläuft. Die wichtigsten Fragen sind:

- Ist mein eigenes Gesamtangebot attraktiv für die oder den Partner?
- Wie stelle ich mir die Zusammenarbeit vor?
- Soll alles absolut gleichberechtigt entschieden werden, oder soll es hauptverantwortliche Fachgebiete geben?
- Bin ich fähig und bereit meine Entscheidungsfreiheit zu einem großen Teil aufzugeben?

Wenn Sie so vorgehen und die letzten vier Fragen mit einem eindeutigen „Ja" beantworten können, sind grundsätzliche Fehlentscheidungen weitgehend ausgeschlossen.

Fazit
Wer sich dem Thema Kooperation so nähert, vermeidet die gröbsten Fehler. Zusätzlich sollte immer geprüft werden, ob die zuständige IHK oder HWK zu diesem Thema kostenfreie Hilfen anbietet, damit diese genutzt werden können.

Hans-Jürgen Borchardt
April 2013

Der Unternehmenscheck in 10 Fragen, Version Akademie

Wer die Wettbewerbsfähigkeit seines Unternehmens mit 10 Fragen überprüfen will, hat ein Problem: die Auswahl und damit auch die Reihenfolge der Fragen. Deshalb muss zunächst die Frage beantwortet werden, welche Fakten die „Zukunftsfähigkeit" des Unternehmens in besonderem Maße beeinflussen.

Aufgrund meiner Erfahrungen wähle ich folgende Reihenfolge:

1. Ist Ihr Unternehmen finanziell „gesund"? *****

„Geld kann man nicht genug haben", das klingt zwar kapitalistisch aber wenn Sie davon zu wenig haben, beginnt der Stress und oft der Anfang vom Ende. Wenn Sie keine finanziellen Reserven haben, leben Sie "von der Hand in den Mund". Das schränkt Sie täglich in Ihren Entscheidungen und Handlungen ein. Sie können nicht das machen, was das Beste wäre, sondern Sie müssen das machen, was finanziell (gerade noch) möglich ist. Außerdem dürfen Sie sich in dieser Situation keine Fehler erlauben und die Schwierigkeiten bei größeren Zahlungsausfällen sind automatisch programmiert.

Wenn Sie Existenzgründer sind, ist die Frage der Finanzierung das A + O. Viele aussichtsreiche Unternehmensgründungen scheiterten nur deshalb, weil die Gründer keine finanziellen Reserven eingeplant hatten, denn wer mit (zu) wenig Eigenkapitalstartet startet, kann selbst kleinste Krisen nicht überbrücken.

2. Führen Sie Ihr Unternehmen kundenorientiert? *****

Sie wissen: „Der Kunde ist König". **Nur er** bezahlt Sie und Ihre Mitarbeiter. Wenn er ausbleibt ist Schluss. Sie wissen das sehr genau, aber behandeln Sie Ihre Kunden auch immer so? Sie wissen, dass die Wünsche Ihrer Kunden im Mittelpunkt Ihres Denkens und Handelns stehen sollen, aber setzen Sie dieses Wissen auch täglich in der Praxis um? Führen Sie Ihren Betrieb so, dass Sie diese Fragen mit „ja" beantworten können?

Nur wenn die Kunden für sich feststellen, dass Sie und Ihre Mitarbeiter bemüht sind, ihre Wünsche und Vorstellungen zu erfüllen, werden sie zu Stammkunden und Empfehler für Ihren Betrieb. Deshalb beeinflusst die Kundenorientierung das Unternehmen stärker, als oft vermutet wird. (Befragen Sie Ihre Kunden nach jeden Auftrag? Fragen Sie, was Sie besser machen können? Haben Sie einen Kundenbeirat?)

3. Ist Ihr Angebot so attraktiv, das es Nachfrage erzeugt? *****

Wenn Sie sich die Standardfrage stellen: „Ist mein Angebot wettbewerbsfähig?" ist das nicht ausreichend. Ein wettbewerbsfähiges Angebot ist nur „wettbewerbsidentisch". Wenn Sie Ihre Konkurrenten überflügeln wollen, müssen Sie fragen: „Wo und wie muss ich mein Angebot so verbessern, dass ich besser bin als meine Wettbewerber?"

Die Attraktivität Ihres Angebots steuert die Nachfrage. Dabei spielt es keine Rolle, ob es eng begrenzt oder breit gefächert ist. Je geringer die Attraktivität ist, desto größer ist der Aufwand, den Sie betreiben müssen, um Nachfrage zu erzeugen. Deshalb ist die permanente Optimierung des eigenen Angebots eine „pausenlose" Dauerleistung die Sie erbringen müssen, wenn Ihr Angebot attraktiv bleiben soll.

Darin eingeschlossen ist auch die Frage: „Differenzieren Sie sich ausreichend von Ihren Wettbewerbern, d. h. erfüllen Sie die AAA-Regel (Anders Als Andere)?" Vergessen Sie nicht, je eigenständiger Ihr Angebot ist, desto konkreter wird es „wahrgenommen".

Hinzu kommt, dass attraktive Leistungen und Angebote selbstverbreitend sind, weil Interessenten und Kunden darüber sprechen und somit direkt oder indirekt für Sie werben.

4. Sorgen Sie für ausreichende Bekanntheit? ****

Viele Unternehmer vergessen, dass Interessenten nur die Unternehmen berücksichtigen bzw. zu einem Angebot auffordern können, die ihnen bekannt sind. Vor vielen Jahren gab es eine Untersuchung eines großen deutschen Fachverlages, in der festgestellt wurde, dass viele Unternehmen ihren Erfolg verschenkten, weil sie nicht ausreichend bekannt waren.

Deshalb ist es wichtig, dass Sie Ihren Betrieb durch Werbung **und** Aktionen im Bewusstsein der Zielgruppen verankern. Egal ob Tage der offenen Tür, Internet- oder social Media-Aktionen, wechselnde Magnetschilder auf dem Firmenwagen, begrenzte Sonderangebote, PR- oder Sponsoring-Maßnahmen, Gutscheinaktionen etc., Sie haben viele Möglichkeiten, Ihre Leistungen positiv darzustellen.

5. Sind Ihre Mitarbeiter Unternehmensbotschafter? ****

Ihre Mitarbeiter sind die Nahtstelle zwischen dem Unternehmen und den Kunden. Sie sind in einem hohen Maße für das Image und die Akzeptanz Ihres Betriebes mitverantwortlich – und das auf zweifache Weise. Einmal durch ihre Qualifikation/Kompetenz und zum anderen durch ihr Verhalten. Beide Qualifikationen können Sie beeinflussen bzw. bestimmen.

Die Qualifikation bzw. Kompetenz bestimmen Sie durch die Auswahl der Bewerber oder durch die eigene Aus- und Weiterbildung, die Sie Ihren Mitarbeitern bieten. Bedenken Sie, dass der positive Eindruck dem Betrieb und nur selten den Mitarbeitern zugeordnet wird.

Die Führung und die Zusammenarbeit miteinander werden durch Ihr Verhalten vorgegeben. Es liegt ausschließlich an Ihrem Führungsstil, ob sich Ihre Mitarbeiter als „Befehlsempfänger" oder als mitgestaltende Teammitglieder fühlen. Sie als Chef bestimmen das Verhältnis untereinander, den Umgangston und das Verhalten bei den Kunden. Gestalten Sie es zum Wohle aller Beteiligten und Ihres Unternehmens.

6. Ist die Organisation Ihres Betriebes den Anforderungen angepasst? ****

Die Unternehmensorganisation hat viele Facetten. Gewöhnlich ist die Organisation der Arbeitsabläufe gut geregelt. Im administrativen Bereich jedoch hapert es oft. Der Grund liegt häufig darin, dass dieser Teilbereich als weniger wichtig betrachtet wird. Ferner ist es vielfach auch so, dass es für die administrativen Aufgaben keine konkreten Vorgaben und Verhaltensregeln gibt.

Die Rechnungen werden zu spät geschrieben und gemahnt, die Kunden werden bei Veränderungen nicht rechtzeitig benachrichtigt, die Ersatzteil- und Materialvorhaltung stimmt nicht, der Informationsfluss untereinander hakt. Die Liste der Versäumnisse ist oft lang.

Wenn Sie bei sich das eine oder andere Defizit entdecken, müssen Sie klare und eindeutige Regeln und Vorgaben erstellen, damit alle Beteiligten genau wissen, wann sie was wie tun müssen. Das Ergebnis sind korrekte und schnelle Abläufe die die Effizienz und das positive Image des Betriebes steigern.

7. Ist Ihr Betrieb für die zukünftigen Anforderungen gut aufgestellt? ✶✶✶✶

Von Konfuzius soll die Aussage stammen: „Sorge Dich nicht um die Ernte, sondern um die Bestellung der Felder." Damit ist gesagt, wenn Sie sich heute mit den Aufgaben und möglichen Problemen von morgen beschäftigen, werden Sie diese vorausschauend lösen. Sie müssen nicht Ihren Wettbewerbern hinterher hecheln, sondern Sie können die vorhandenen Zukunftsoptionen für sich nutzen.

Nehmen Sie sich immer wieder mal eine halbe Stunde Zeit und beschäftigen Sie sich mit der Zukunft, am besten gemeinsam mit Ihren Mitarbeitern. Ideal wäre, wenn Sie einmal im Monat einen bestimmten Termin festlegen und dann über alles sprechen was man besser machen sollte. Die Fragen und Diskussionen über die Zukunft ergeben sich dabei automatisch.

8. Beobachten Sie die Marktentwicklungen und den Wettbewerb? ✶✶✶✶

Diese Frage bezieht sich zwar nicht direkt auf den Betrieb, ist aber in diesem Kontext wichtig, damit Sie Entwicklungen und Veränderungen rechtzeitig erkennen und entsprechend reagieren können. Nur wer anbahnende Veränderungen rechtzeitig erkennt, kann diese zu seinem Vorteil nutzen, bzw. entstehende Nachteile vermeiden. Vergessen Sie nie: agieren ist besser als reagieren. Wer reagieren muss, hat bereits einen großen Teil seiner Entscheidungsfreiheit abgegeben.

9. Nutzen Sie die Möglichkeiten, die im Servicebereich vorhanden sind? ✶✶✶✶

Die Möglichkeiten, die im Service liegen, werden oft verkannt. Manchmal wird der Service sogar als lästiges Übel und nicht als eine Chance der Kundenbindung und der Umsatzausweitung gesehen. Es kommt immer wieder vor, dass Unternehmer jegliches Interesse am Kunden verlieren, wenn der Auftrag abgeschlossen ist. Der Kunde muss für sich feststellen, dass er nach Beendigung des Auftrages seinen Reiz verloren hat.

Denken Sie darüber nach, wie Sie die bestehenden Verbindungen zu Ihren Kunden ausbauen könnten. Diskutieren Sie sowohl mit Ihren Kunden als auch mit Ihren Mitarbeitern, welche Erweiterungen oder Modernisierungen für die Kunden sinnvoll wären. Überlegen Sie, ob Sie für Ihre Kunden Problemlösungen entwickeln können etc.. Es gibt viele Möglichkeiten, mehr Umsatz zu generieren, Kunden zu binden und zu überzeugten Empfehlern zu machen.

Und vergessen Sie nicht, fast immer sind die gewonnenen Erkenntnisse auf andere Kunden übertragbar.

10.   Entspricht Ihre Maschinen- und Geräteausstattung dem technischen Standard? ✱✱✱

Manche Betriebe verlieren auf Dauer ihre Wettbewerbsfähigkeit, weil die Maschinen und Geräte langsam aber sicher veralten. Wenn dann eines Tages die Überalterung eingetreten ist, ist es schwer, alles auf einmal zu ersetzen. Oft fehlen dann die finanziellen Mittel, um die notwendige Modernisierung zu erreichen. Deshalb ist es sinnvoll, die notwendigen Neuanschaffungen nicht „auf die lange Bank zu schieben". Überlegen Sie von Zeit zu Zeit mit Ihren Mitarbeitern, mit welchen neuen Geräten und Werkzeugen Sie Ihre Arbeitsergebnisse verbessern und verkürzen können.

Fazit
Wer sein Unternehmen von Zeit zu Zeit auf den Prüfstand, stellt wird immer wieder neue Möglichkeiten zu Verbesserungen finden. Für diese Grundfragen benötigen Sie keinen Berater. Das können Sie selbst mit Ihren Mitarbeitern.

Hans-Jürgen Borchardt
Juni 2012